Panthéon

IMAGES·HISTORIQUES

JEAN MONVAL

LE·PANTHÉON

H. LAURENS
ÉDITEUR·PARIS

LE PANTHÉON

IMAGES HISTORIQUES

Parus :

La Marseillaise et Le Chant du Départ.
Un Sacre a Reims : Le Sacre de Louis XV.
La Colonne de la Grande-Armée.
La Guerre au quinzième siècle.
L'Arc de Triomphe de l'Étoile.
La Bastille.
La Galerie des Batailles de Versailles.
Soissons avant la Guerre.
Reims avant la Guerre.
Arras avant la Guerre.

En préparation :

Reims pendant et après la Guerre.
Soissons pendant et après la Guerre.
Arras pendant et après la Guerre

IMPRIMERIE CH. HÉRISSEY
ÉVREUX

IMAGES HISTORIQUES

LE PANTHÉON

PAR

JEAN MONVAL

BIBLIOTHÉCAIRE-ADJOINT DE LA COMÉDIE FRANÇAISE

TRENTE-TROIS ILLUSTRATIONS

PARIS

HENRI LAURENS, ÉDITEUR

6, Rue de Tournon, 6

Tous droits de traduction et de reproduction réservés pour tous pays.
Copyright by Henri Laurens, 1916.

LE FRONTON DE DAVID D'ANGERS.
D'après la gravure du *David d'Angers* de M. Henry Jouin. E. Plon et Cie, éditeurs.

LE PANTHÉON

Texte de Jean MONVAL.

C'est pour les morts, dont l'ombre est ici bienvenue
Que le haut Panthéon élève dans la nue
Au-dessus de Paris, la ville aux mille tours,
La reine de nos Tyrs et de nos Babylones,
Cette couronne de colonnes
Que le soleil levant redore tous les jours !

V. HUGO, *Les Chants du Crépuscule.*

Le Panthéon ! Aux yeux de l'étranger qui l'aperçoit de loin, c'est, avec la basilique du Sacré-Cœur, l'édifice culminant de Paris. Évocateur de toute l'histoire de France, il doit symboliser notre foi nationale. Et il a suivi, en effet, au cours du dernier siècle, l'évolution de nos idées religieuses et philosophiques. Retraçons-en rapidement les phases successives.

Il devait maintenir une tradition séculaire, remplacer la basilique construite par Clovis, consacrée par saint Rémi, mise sous le vocable de Sainte-Geneviève quand les reliques de cette sainte y avaient été placées dans la fameuse châsse de saint Éloi. Reconstruite à la fin du xiie siècle par les moines de l'abbaye, la vieille basilique, vénérée pendant tout le moyen âge, semblait, au xviiie siècle, d'une simplicité par trop « gothique », et les moines eux-mêmes désiraient la réédifier dans le goût des temples grecs.

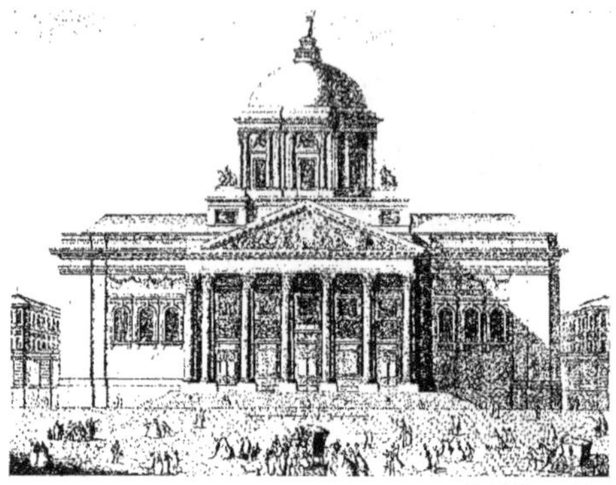

Musée Carnavalet.

PREMIER PROJET DE SOUFFLOT (1757). FRONTON DE COUSTOU.

A la suite d'une grave maladie, Louis XV, considérant sa guérison comme un miracle obtenu par l'intercession de sainte Geneviève, fait vœu d'élever en son honneur cette église magnifique. Soufflot en donne, dès 1757, les premiers plans, qu'il modifiera d'ailleurs plusieurs fois dans la suite; mais il meurt en 1780, avant que la construction du dôme soit même commencée. Rondelet, son élève et son collaborateur, continue son œuvre. La double colonnade et la triple coupole sont achevées au moment où éclate la Révolution, mais les travaux de détail, la décoration sculpturale et ornementale restent encore à faire... Déjà pourtant on peut admirer, au fronton du péristyle, un bas-relief de Coustou représentant une croix rayonnante, entourée de chérubins et d'anges adorateurs.

Le 4 avril 1791, à l'occasion de la mort de Mirabeau, l'Assemblée Constituante décrète que l'église Sainte-Geneviève sera désormais destinée à

PROJET DE SOUFFLOT (1775). Dans le chœur, la châsse de sainte Geneviève portée par *les Quatre Vertus* de Germain Pilon.

« recevoir les cendres des grands hommes », sous le nom de *Panthéon français*. Sur le fronton on grave en lettres de bronze l'inscription : *Aux grands hommes, la Patrie Reconnaissante*. Au tympan, un bas-relief de Moitte, remplaçant celui de Coustou, représente *la Patrie distribuant des couronnes à la Vertu et au Génie, la*

Liberté terrassant le Despotisme, la Philosophie combattant l'Erreur et le Préjugé. Au fond de l'abside, là où Soufflot faisait resplendir une *Gloire* immense, se dresse « l'effigie colossale de la Patrie, cette véritable idole d'un peuple libre ». Des autels, en forme de candélabres, brûlent à ses côtés. L'église souterraine servira de chapelle sépulcrale aux grands hommes à qui la Représentation nationale a accordé les « honneurs » du

FAÇADE PRINCIPALE. FRONTON DE DAVID D'ANGERS.

Panthéon. Systématiquement, tous les emblèmes religieux vont être remplacés par des allégories philosophiques, célébrant les « droits de l'homme ». Les Jacobins, trouvant à l'édifice « un air d'hilarité » peu convenable à un mausolée, suppriment les quarante-deux croisées qui l'éclairent, et remplacent la décoration élégante et variée des voûtes, — fleurs, bouquets, épis de blés, têtes de chérubins, — par des rosaces et des losanges...

Mirabeau, le premier, a été inhumé au Panthéon. C'est bientôt le tour

Une Fête de Patriotes en 1790, d'après une estampe montrant les tours et le dôme sans lanterne.

de Voltaire. Douze chevaux blancs, attelés trois par trois, traînent le char antique au sommet duquel on voit l'image en cire du patriarche de Ferney, étendu sur son lit de mort et couronné par la Gloire. Un immense cortège l'accompagne, précédé d'une délégation des habitants du faubourg Saint-Antoine portant le plan en relief de la Bastille. On y distingue un groupe de « gens de lettres portant les œuvres complètes de Voltaire ». C'est la « Procession patriotique », dit-on, par allusion impie aux processions de Sainte-Geneviève.

Puis c'est l' « apothéose » de Jean-Jacques Rousseau. L'urne funéraire, déposée dans une île entourée de saules sur un des bassins des Tuileries, y reçoit les hommages du peuple jusqu'à l'heure du départ pour le Panthéon. Au signal des salves d'artillerie, le cortège s'ébranle, et des chœurs de vieillards, d'enfants, de mères de famille, de représentants du peuple, entonnent les strophes de Marie-Joseph Chénier.

Estampe allégorique du transfert des cendres de Mirabeau dans la crypte de Sainte-Geneviève (14 avril 1791).

Le peuple accompagne aussi au Panthéon le char de son « ami » Marat, ombragé par quatorze drapeaux destinés à nos quatorze armées. Il y supplante Mirabeau, pour en être expulsé, quelques mois après, à son tour. — Le commandant Beaurepaire qui, en

1792, aima mieux se donner la mort que de capituler dans Verdun, avait obtenu, lui aussi, les honneurs du Panthéon, mais le décret ne fut pas exécuté. Deux « grands hommes » encore imberbes, — Bara, à peine âgé de treize ans, sommé de crier « Vive le Roi ! » et mort en pres-

Musée Carnavalet.

TRANSLATION DES MANES DE VOLTAIRE AU PANTHÉON FRANÇAIS
(11 juillet 1791).

sant sur son cœur la cocarde tricolore au cri de : « Vive la République », — Viala, plus jeune encore, mort en essayant de couper la corde d'un bac amenant des royalistes en France, les avaient aussi obtenus. Mais le projet « de fête héroïque », où l'on devait porter en procession les images des deux jeunes patriotes « au Temple de la Gloire », fut indéfiniment ajourné par le 9 thermidor... C'est une de ces nombreuses cérémonies « civiques » à la gloire des grands hommes, que la Révolution rêva et ne put réaliser : cortèges patriotiques conçus par le peintre David avec une figuration de théâtre, — encens, fleurs et musiques, théories de jeunes filles, d'enfants et de vieillards vêtus à l'antique, — renouvelés des fêtes et des triomphes romains. C'est l'époque où les « cœurs des grands hommes », placés dans des urnes, devaient remplacer dans le Panthéon les reliques de sainte Geneviève : où, à la place de la châsse vénérée pendant des siècles, devait figurer à la « Fête de la Loi » célébrée en l'honneur de Simonneau, maire d'Étampes, « tombé pour la Loi », l'écharpe municipale du « ver-

APOTHÉOSE DE J.-J. ROUSSEAU ET TRANSLATION DE SES CENDRES (11 octobre 1791)
FRONTON DE MOITTE.

VUE DU CERCUEIL DE MIRABEAU DANS LA CRYPTE,
d'après une estampe de la Révolution.

tueux » magistrat, suspendue sous le dôme !.. C'est l'époque où la Convention décrète qu'il sera élevé dans le Panthéon « une colonne de marbre noir sur laquelle seront gravés en lettres d'or les noms des républicains qui auront fait des actions héroïques ». Vains projets, qui ne sont pas réalisés, pas plus que la statue colossale de la *Renommée* qui devait s'élever au sommet du temple, à la place de la figure de sainte Geneviève, debout, tenant et élévant une croix, que Soufflot voulait y mettre.

Napoléon, par décret du 20 février 1806, ouvre enfin le Panthéon au culte catholique sans lui ôter son caractère de nécropole honorifique : il le laisse consacré à la sépulture « des grands dignitaires de l'Empire et des citoyens qui auront rendu d'éminents services à la Patrie ». Il veut y mettre aussi les « cénotaphes des Français illustres », rangés par ordre de siècle,

RÉUNION DES CITOYENS ET DES POLYTECHNICIENS LE 28 JUILLET 1830,
d'après une lithographie.

pour « accomplir à la fois les vœux du patriotisme, de la morale et des beaux-arts ». En fait, on y célèbre très rarement la messe.

Louis XVIII veut faire du Panthéon une église véritable, sans bouleverser pourtant les caveaux. Une messe solennelle de réouverture est célébrée

le 3 janvier 1822 par l'archevêque de Paris, et on rapporte dans l'église quelques reliques de sainte Geneviève, retrouvées par bonheur. — Charles X, continuant cette œuvre de restauration catholique, fait enlever le fronton civique de Moitte, tandis qu'à l'intérieur le peintre Gros termine les fresques de la coupole où il a représenté *l'apothéose de sainte Geneviève*.

Survient la Révolution de 1830. Louis-Philippe considère qu' « il est de la justice nationale et de l'honneur de la France de rendre le Panthéon à sa destination primitive et légale » ! On enlève les reliques de sainte Geneviève, on abat la croix qui surmonte le dôme... Le lendemain, Louis-Philippe vient inaugurer le temple aux accents de la *Marseillaise* et de la *Parisienne*. L'inscription *Aux grands hommes, la Patrie reconnaissante* est rétablie

FUNÉRAILLES DE VICTOR HUGO.
ARRIVÉE AU PANTHÉON DES DÉPUTATIONS D'ALSACE-LORRAINE,
d'après le *Monde Illustré*.

Photo Neurdein.
FUNÉRAILLES DU PRÉSIDENT CARNOT.
L'INTÉRIEUR DU PANTHÉON AVEC LES COURONNES.

au fronton ; et, au tympan, la figure de la « Patrie » réapparaît dans le bas-relief de David d'Angers.

Le gouvernement de 1848 songe, un moment, à faire du Panthéon le « temple de l'Humanité » : Ledru-Rollin, ministre de l'Intérieur, approuve le 11 avril un projet de décoration de Chenavard, qui aurait présenté sur les murs intérieurs, en une suite de peintures, les *Évolutions morales du monde*... Mais ce sont les insurgés qui, en juin, appliquant brutalement leurs théories, vont s'établir au Panthéon. Les défenseurs de la société menacée accourent à l'assaut ; leurs canons font voler en éclats la porte principale, les balles ébrèchent les colonnes du péristyle, déchirent les murailles du monument.

Par décrets des 6 décembre 1851 et 22 mars 1852, Louis Bonaparte, président de la République, rend encore le Panthéon au culte catholique, non comme église de paroisse, mais comme basilique nationale : les six chapelains de Sainte-Geneviève y vont prier Dieu pour la France et pour les morts qui auront été inhumés dans les caveaux de l'église.

En 1870, les cryptes de l'église sont mises à la disposition de l'artillerie pour y déposer les poudres, les offices religieux sont momentanément suspendus. Les projectiles prussiens font rage ; un obus de gros calibre atteint le dôme, en détache un moëllon, qui, frappant à son tour la coupole intérieure, la traverse au point central d'une rosace. D'autres obus tombent sur les charpentes et brisent les volutes de la chapelle Sainte-Geneviève.

Puis voici la guerre civile. Les insurgés établissent leur quartier

Photo Neurdein.
MONUMENT DE J.-J. ROUSSEAU, par Bartholomé.

général au Panthéon, qui est bientôt entouré de barricades... Mais l'armée de Versailles arrive ; les marches du temple ruissellent de sang : un membre de la Commune. Millière, fait prisonnier, est fusillé sur place.

La chute de l'Empire n'arrête point les projets de restauration catholique. M. de Chennevières veut en faire un monument vraiment national, témoin de l'origine et de l'évolution chrétienne et monarchique de notre

VUE LATÉRALE AVEC LA STATUE DE J.-J. ROUSSEAU.

Photo Neurdein.

patrie ; il veut y évoquer, par la peinture et la sculpture, les figures des saints et des saintes, des héros et des héroïnes qui ont contribué à la former, sans en bannir, d'ailleurs, l'image et le souvenir des grands hommes modernes issus de la Révolution, qui ont, eux aussi, à leur manière, ajouté à la gloire de la France...

Ce beau programme, à la fois religieux et patriotique, est en partie réalisé... Malheureusement, un décret du 28 mai 1885 désaffecte encore une fois l'église Sainte-Geneviève. Le 1ᵉʳ juin, les cendres de Victor Hugo y sont solennellement transportées. Le Panthéon va reprendre

Photo Neurdein.

SAINTE GENEVIÈVE SUR LES MARCHES DU BAPTISTÈRE,
par Élie Delaunay.

son caractère de temple laïque, consacré exclusivement aux « restes des
grands hommes qui ont mérité la re-
connaissance nationale ». Il a servi,
depuis, à de grandes cérémonies : le
4 août 1889, translation des restes de
Lazare Carnot, de Marceau, de la Tour
d'Auvergne et de Baudin, pose de la
première pierre du monument commé-
moratif en l'honneur de Hoche et de
Kléber ; — le 22 septembre 1892, centenaire de la proclamation de la République ; — le 13 juillet 1898, centenaire
de Michelet ; en février 1902, centenaire de Victor Hugo... Et les dé-
pouilles de Sadi-Carnot, de Berthelot
et de sa femme, d'Émile Zola, sont
venues s'ajouter à celles qui reposaient déjà dans la crypte.

Le Panthéon, dans la conception
de Soufflot, devait être précédé d'une
large rue allant droit au Palais-Luxem-
bourg. C'est donc du Sénat qu'il fau-
drait se placer pour juger de l'en-
semble. Actuellement, il n'est pas suf-
fisamment dégagé ; les bâtiments de
l'École de Droit, rompant l'alignement-
ment, gâtent la perspective. N'ou-
blions pas aussi que le Panthéon a
été assombri, alourdi, empâté par
l'austérité jacobine... Il n'en reste pas
moins, tel qu'il est, un monument
grandiose. Cette masse imposante, en
forme de croix grecque allongée ; ce
péristyle à colonnes isolées offrant la
majesté du Panthéon d'Agrippa, sur-

Photo Neurdein.

LES DERNIERS MOMENTS DE SAINTE GENEVIÈVE,
par J.-P. Laurens.

monté d'un second temple à colonnade circulaire, lui-même surhaussé d'un dôme dans le goût de Saint-Pierre de Rome, étonne par l'ampleur et la hardiesse de sa conception; et, s'il n'émeut notre cœur d'aucun sentiment religieux, il nous impose le respect pour l'effort de synthèse réalisé par l'architecte, la science technique et l'habileté du constructeur.

Au bas de l'escalier, à l'intérieur de la grille qui entoure le monument, remarquons le réalisme de la statue en bronze de Rodin, le *Penseur*. Contemplons au fronton l'œuvre de David d'Angers, la figure de la *Patrie* distribuant les couronnes que lui passe la *Liberté*, tandis que l'*Histoire* inscrit sur ses tablettes les noms des

Photo Neurdein.
SAINTE GENEVIÈVE, par le baron Gros (coupole).

Français illustres. A droite et à gauche, les grands hommes réunis : Fénelon, Voltaire, Mirabeau, Rousseau, Lafayette, Carnot, Bonaparte ; les soldats qui coudoient les intellectuels et les savants, attestent qu'ici l'on entre dans le temple de l'union sacrée. Et les colonnes corinthiennes du portique aux belles feuilles d'acanthe nous donnent une impression de grandeur et de majesté.

L'intérieur aussi nous frappe, dès l'abord, par sa noblesse, l'élégance et la sveltesse des colonnes, la pureté du dessin des voûtes. Les moindres détails, des rinceaux des frises au profil des corniches, expriment le goût français harmonieusement fondu avec le goût antique... Ils nous font d'autant plus regretter la suppression du reste de l'ornementation de Soufflot — têtes d'anges, fleurs, fruits, attributs chrétiens — ainsi que celle des fenêtres qui devaient, dans le projet primitif, inonder de lumière la noble perspective des élégantes files de colonnes !

Photo Neurdein.
PROCESSION DE LA CHASSE
DE SAINTE GENEVIÈVE AU XVe SIÈCLE
par Th. Maillot.

Saint Germain et saint Loup bénissant
sainte Geneviève, par Puvis de Chavannes.

Sainte Geneviève en prière,
par Puvis de Chavannes.

Pour nous consoler, contemplons, aux murs des galeries latérales qui entourent les nefs, le vaste poème de peinture à la gloire de sainte Geneviève, qui reste la figure la plus idéale des premiers temps de notre race. Pénétrons-nous de la poésie sereine, paisible et grave des fresques de Puvis de Chavannes, retraçant la jeunesse de la sainte, son rôle de gardienne et de protectrice de Paris, veillant sur la ville endormie. Contemplons les belles peintures de Delaunay, où elle rassure la multitude affolée à la nouvelle qu'Attila se dirige sur Paris, où elle prophétise que la ville ne subira pas l'invasion du fléau de Dieu. Voyons évoquer par Jean-Paul Laurens les derniers moments de la sainte, bénissant, avant d'expirer, la foule qui l'entoure. Voyons-la continuer à répandre ses bienfaits sur Paris, même après sa mort, guérissant les malades, conjurant les fléaux, dans les fresques de Maillot.

La légende de la patronne de Paris se combine admirablement avec l'histoire merveilleuse des origines chrétiennes de la France : les fresques de Galland et de Bonnat nous rappellent la prédication et le martyre de saint Denis, apôtre de Paris, introducteur du christianisme dans les Gaules. Plus loin, J. Blanc, A. Lévy, Cabanel et Lenepveu évoquent les quatre grandes figures chrétiennes de la France : Clovis, Charlemagne, saint Louis et Jeanne d'Arc. Dans la voûte hémisphérique de l'abside, une composition en mosaïque, d'après les cartons de Hébert, nous présente le Christ debout, tenant de la main gauche le livre des Destinées, montrant à l'Ange de la France les destinées de son peuple (*Gesta Dei per Francos!*). Et la pein-

ture de Detaille, au-dessous, où les
volontaires de 1793 et les soldats de
Napoléon, portant les drapeaux et les
étendards arrachés à l'ennemi, préci-
pitent leur héroïque chevauchée *vers
la gloire*, semble consacrée par le voi-
sinage du Christ « qui aime toujours
les Francs ! »

Dirigeons nos pas vers le centre
du monument, sous le dôme, pour
voir les fresques qui ornent la coupole
ainsi que les pendentifs. A soixante
mètres de hauteur, Gros a représenté
l'apothéose de sainte Genevière ; elle
bénit Clovis, Charlemagne, saint Louis
et Louis XVIII, représentant les di-
verses dynasties royales qui ont pré-
sidé aux glorieuses destinées de la

Photo Neurdein.

France. Au-dessous de cette magnifique peinture, le baron Gérard a évo-
qué les grandes idées de la Patrie, de la Mort,
de la Justice et de la Gloire : idées religieuses
et fécondes, sources éternelles d'héroïsmes et de
sacrifices !..

Descendons dans la crypte, ornée de pilastres
toscans ; ce n'est pas une des parties les moins inté-
ressantes de l'œuvre de Soufflot : le caractère mâle,
l'harmonie des parties en est remarquable ; elle
produit un grand effet, visitée aux flambeaux. Elle
contient quarante-neuf tombeaux et cinq urnes.
Nous y remarquerons, entre autres, les tombeaux
de Rousseau, de Voltaire, de Soufflot, de Lannes,
de Marceau, de Carnot, de La Tour d'Auvergne,
de Baudin, de Hugo. Ces grands hommes, malgré
leurs erreurs et leurs fautes, ont tous, plus ou
moins, enrichi le patrimoine intellectuel ou moral
de la France ; ils ont leur place dans son temple
de Gloire. Sainte Geneviève, d'ailleurs, leur a par-

Photo Neurdein.

Photos Neurdein

Frises de Joseph Blanc. JEANNE D'ARC ET TRIOMPHE DE CLOVIS.

donné, les a acceptés dans son église : ses chapelains, sous le second
Empire, n'avaient-ils pas le devoir de prier pour eux ?

Depuis trente ans, on a conçu le projet d'achever la décoration sculpturale du Panthéon dans l'esprit de la Révolution : Voltaire, Jean-Jacques
Rousseau, Diderot, Cordorcet, Mirabeau ; les grands généraux de la Révolution ; la bataille de Valmy, l'héroïsme du vaisseau le *Vengeur*, la Con-

Photo Neurdein.

PRÉDICATION DE SAINT DENIS, par J.-B. Galland.

Photo Neurdein.

MARTYRE DE SAINT DENIS, par L. Bonnat.

vention, les grands orateurs de 1830 et de 1848 doivent être glorifiés par
des bas-reliefs, des cénotaphes, des groupes, des statues... Mais à leur
gloire suffit le fronton de David d'Angers. D'ailleurs, au point de vue esthé-

tique, la chose est jugée... On a déjà
placé, contre un des piliers centraux.
le monument de Jean-Jacques Rousseau par Bartholomé ; et au fond de la
nef du nord, le monument à *la gloire
des artistes inconnus* par Landowski. Au
fond de l'abside, le groupe de Sicard :
la Convention et ses grands hommes.
n'est encore exécuté qu'en plâtre ; et
contre les piliers qui soutiennent le
dôme, on a disposé, pour juger de
l'effet, des maquettes en carton figurant
les deux groupes symétriques de Mercié
et de Marqueste : les *généraux de la
Révolution* et les *orateurs de la Restauration*. L'avis général des artistes est
que ces sculptures, quel que soit leur
mérite individuel, — très inégal d'ail-

Photo Neurdein.

LA BATAILLE DE TOLBIAC. LE VŒU DE CLOVIS.
par J. Blanc.

leurs. — rompraient l'harmonie de la perspective des nefs, les proportions
voulues des lignes élégantes et nobles de Soufflot.

Photo Neurdein.

COURONNEMENT DE CHARLEMAGNE A ROME PAR LÉON III.
par A. Lévy.

Photo Neurdein.

JEANNE D'ARC AU SACRE DE CHARLES VII A REIMS.
par J. Lenepveu.

Il ne faut point encombrer le Panthéon, en faire une sorte de musée de sculpture comparée. Qu'on le laisse tel qu'il est. C'est un monument religieux et national à la fois, qui devrait être ouvert à tous les grands hommes qui ont honoré la France. On y voit, on y admire tour à tour la coupole catholique de Gros, les pendentifs philosophiques de Gérard, les tombeaux de Voltaire et de Rousseau, le fronton de David d'Angers... Soit! Que les fils réunis d'une même mère,

Photo Neurdein.
Blanche de Castille préside à l'éducation de saint Louis, par A. Cabanel.

Photo Neurdein.
Saint Louis a Jérusalem, par A. Cabanel.

la France, reposent sous les voûtes de ce temple, dont le dôme élancé dresse toujours sur Paris la croix du Christ, l'éternelle source de résignation, d'apaisement, de réconciliation, d'union sacrée !

Photo Neurdein.
Le Penseur de Rodin.